AF535903

MARTINA HEFTER

VOM GEHEN UND STEHEN.

EIN HANDBUCH

BEWEGUNGEN

▶ 76

stehen

im überfüllten U-Bahn-Wagen

Mich verabschieden vom Muster
„Aufplustern herbeizaubern".

Tu ich das Menschenmögliche?

Um meine Stirn der Nebel steigt,
wandert ab zum Nebenmann,

ich fädle mich ins Wachsen, wachse
zur Gestalt, normal entwickelt, falte

mein Verlangen nach Dasein,
verlängere mein Scheuen, schrumpfe

Umrisse rund, fahre Achsen ein.
Zwinkere aus meiner streunenden Form.

So überschatte ich den Nebenmann,
quetsche Zartheit in seine Taschen.

→ *Schnürsenkel binden*

auf der Straße

Von der Stirn bis in die Taschen quetscht sich die Achse,
mein Schatten schrumpft in Gestalten, überwachsen

von einem Verlangen. Umrisse, gefaltet:
in diesem Dasein normal.

Viele Menschen, mich musternd.
Ihnen zwinkere ich scheu fädelnd zu.

Ich bin kein Streuner.

Was ich tu, ist möglich.
Ein Abschied von Zauberei.

sich die Haare aus der Stirn streichen

vor dem Spiegel

Hilf der Hand, Weiches zu finden,
wo das Weiche schon da, Fleece ist,
Kapuzenshirt, Haar.

Kein Schubsen. Nur Dusche, es regnet
Gesten. Ist es Wrestling, von Feen?
Wir zwei, auf dem besten Weg zum Mohair?

Flausen von Weltflucht. Flusen
vom Pulli pusten steht ihr gegenüber.
Ich bin hier und ich schaue aus.

∞ → *sich den Pullover ausziehen*

Ich schaue aus der Kapuze in die Welt gegenüber.
Nesteln, an nichts, verwresteltes Haar,
die Geste hilft nicht beim Duschen.

Bin ich ohne Flausen, wenn ohne Pulli?
Es regnet zu viel für Feen, hätten sie Hände,
schubsten sie mich zurück in mein Vlies.

Wärs kein Mohair, ich würde trotzdem nicht fliehen.
Welche Flusen ich puste von meinem Weg!
Ich finde mich zum Erweichen.

stehen

auf einem Stehempfang

Pose: Der Pate, obschon, labiler. Ich mime ein Bankhaus mit Glasfront,
Springbrunnen innen. Wies umkippt. Die Bänker scharen sich bitte
inniger um mich, ein Mü. Man schwimmt bald im Zuviel, das einen stützt.

Was einen stützt, wird selber schwimmen, Sumpf sein,
denke ich und wünsche mir Arme an den Kopf, bald natürlich
auch Beinchen: ich, umgebaut für den Zugriff.

Ein Umfang, mit Würde gefüllt, Reichtum,
Schwerkraft, wiederhole ich die Sequenz: die Pose
schon viel stabiler, ich mime etwas aus Klinker,

Gewicht, darüber ein Himmel.
Ich gehe stehend als kühler Weinkeller durch, rolle später
nach Hause in einem der Fässer.

→ *stampfen*

Weintrauben bei der Ernte, Ein-Euro-Job

In einem der Fässer schwimme ich, mime
umgebaut Würde, eines Hauses Schwere, derart
labil gestützt, wünsch ich mich – kippe bald um –
aus diesem Sumpf, natürlich.

Die Paten der Bank rollten in den Keller
kein Geld, ich bestehe nur aus wenig Gewicht.
Springe bald ins Glas, ich Arme, ich wiederhole:
nach Hause gehen macht nicht reich,

habe nur noch meine Beinchen.
Man müsste innig posen
mit den Stabilen, die Stabilen aber,
sie scheren sich nicht.

den linken Arm bewegen

den vollständig tauben, eingeschlafenen, nachts im Bett

Es ist kein Pelz. Da waltet ein dickeres Fell.
Man klammert. Ein sinnloses Kissen ist es
oder ein Tierchen, das niemand je sieht, und fiele
Licht auf es, es – zeigte sich. Sklave des Handelns,
spürt man laufend frische Stellen blühen und Stacheln
groß werden plus der Stacheln Kinder und, o, zum Wehen
bringen den gesamten Wald der Welt mit einem Husten
oder, o, verzagt Kranarme lenken oder, o, o, den Flugzeugträger
steuern durchs Hafenbecken von Leipzig, alles umleiten,
umschichten, umhäufen, verschieben, die große Luft, das All,
die Nanoparts, Quarks, Gottesteilchen, den Arm.
Die Hand platziert alles. Wildes Fuchteln wächst sparsam.

→ *streicheln*

über den eigenen Bart

Sparsam mit einer Hand Stacheln platzieren.
Auf ein Kissen fällt Licht oder Husten.
Pelz ist kein Teil dieses Ganzen (Fell in Klammern),
ihm wachsen auch keine Tierchen, nur Schichten.
Wahrlich, frische Stellen spürt man,
steuert verzagt die Hand in friedliches Blühen.
Sklave des Fuchtelns. Wehe, Kinder, ihr
verschiebt diesen Wald. Auf der ganzen Welt:
Träger. Sie steuern, häufen, leiten.
Wächst es wild, ist es Gottes Teil.

sich kratzen

am Kopf, während eines Gesprächs

Schabst du am Sachverhalt?
Bitte klebe nicht dran.
Als was willst du das deklarieren,
Gehampel, lässiger Zwang?
Klar ist, dass du nicht humpelst.
Grübeln über ein Rätsel
mit einer Hand, tüfteln,
ein Krabbeln prüfen oder
Knubbel. Du bist nicht toxisch,
hoffentlich. Stochern
wäre eine Option für Grobe.
Du musst was ausloten.
Erledige jetzt das Gezerre,
lass die Grillen doch drin,
oder puhlst du verstärkt
in Federn?

→ humpeln

simuliert auf dem Fußballfeld

Im Federn erledigt, klar
unter Zwang? Der Sachverhalt
bleibt ein Rätsel, von Stärkeren
ausgetüftelt. Nicht im Lot,
das Gezerre. Die anderen grübeln:
Der Hampelmann stochert im Groben.
Genauso schäbig: reklamieren,
man habe dir eine geklebt. Das
wird geprüft, puhle bitte nicht
an den Knubbeln, bleib lässig,
lass doch die Hand hoffen.

Wäre Grillen jetzt eine Option?

liegen

auf dem Rücken, Liegewiese im Freibad

Als wäre mein Körper mit Standards bewachsen.
Er ist nicht hingefallen,
badet im Gegenteil von Alarm.

Die tastbaren Quaddel im Rasen
besagen: Es bleibt spannend.
Ich übe zappeln beim Atmen,

mein Drang nach Haltung,
Gestalt eines antiken Kriegers,
am Knie erwischt,

aber lebend, Wellen winziger Beben
huschen als Zucken in die Grube
unterhalb meines Munds.

Ich schlage mich herum
mit Bucheckern.

→ *gehen*

durch die Gänge einer Bibliothek. Gedanken.

Eingeschlagne Ecken von Büchern:
Standard.

Tasten, zappeln, atmen,
ein Teil Spannung, ein Teil
Antike.

Körper wachsen um Kriege herum,
fallen zuckend in Gruben.

Gestaltung von Knie oder Mund,
lebendig, wie man sagt.

Quaddel! Alarm!
Ins Bad huschen.

Ein Drang zum Üben.

tanzen

auf einer Party, inmitten von anderen Gästen, die man nicht kennt

Von der Bewegung den Aspekt des Imperialen
isolieren. Vier Eckchen festzwecken mit einem Hupf.

Was in deinem Blickfeld lebt, gehört jetzt dir, aber
schlupfe unter, wo du nicht ruhen darfst, flirre im Glitter,

aufs nächste Level: fünf Eckchen beherzigen,
sie poppen beim Drauftreten auf. Bausche aus Raum.

Tauch hinein, grätsche in Nester, lese
von Scheiteln der Gäste Pailletten

im Gestus des Verschwendens,
hangel dir Lämpchen von Wänden, quetsche

plötzlich aus Herumstehen Turns.
Hechte zuletzt in Szenen aus Kill Bill.

Zeige auf Herzchen.

→ *Kopfschütteln*

bei klarer werdender Erinnerung an den Traum von letzter Nacht

Herzen auf Zeigern,
Raum aus Nestern.

Lese das als: verschwenderisch
leben, Szenen des Herumstehens.

Glitter, Pailletten.
Du turnst, trittst auf Lämpchen.

In deinen Blick gequetscht: Bill,
sich aufbauschend vor Gästen,

in seinen Bewegungen Ruhe und Gesten.
Jetzt vier Imperial, sie gehören dir,

aber in den Ecken flirren
Aspekte von Pop.

Was taucht plötzlich auf,
eine Wand? Zuletzt gescheitelte Killer.

stolpern

über eine Teppichkante

Timing, das heißläuft:
dass du hochschnellst, ohne zu wollen, dass du einsiehst,
dies ist die Situation. Sie geschieht jetzt.

Schlage den Bogen rückwärts,
jetzt, sie geschieht, die Situation, dass du einsiehst,
ohne zu wollen, dass du hochschnellst.

Kämme die Fransen der Kante.
Hochschnellen, ohne zu wollen, einsehen,
dass es geschieht.

Kein Timing liefe so heiß.
Bogen zur Rettung rückwärts.

→ *Chakrasana / Rad (Yoga)*

Rückwärts biegen, nicht schnell.
Timing geschieht, wenn ich will.

Das ist heiß.

Die Fransen des Teppichs kämmen
meine Gedanken.

Man sieht eine Kante. Alles geschieht,
retten wird nichts. Situativ

verlaufen die Bögen,
ich sehe

unter mir
Wolle.

hüpfen

die Straße entlang

Ich wollte nie eine Biene fangen,
auf dem Bauch landen, Luft schnappen,
ich wollte nur Material haben,
Air, Asphalt, ein Stauen im Lauf,
ich wollte nie stoppen, hopsen
stirbt ja zuletzt, ich wollte schauen
pachten, Verdacht auslösen, mich
hochschrauben, in Schüben abtauchen,
ich wollte vom Hohen aus träufeln
Ansichten meiner eingeheimsten Seite,
Aussicht spenden, Aufprall verschwenden,
Parameter blinken, ich wollte die Wucht
lernen, sie abfangen, ihr Schwemmen,
ihm standhalten, nie gründeln, nie schürfen,
immer tüpfeln, schwinden, diffus, ins a priori,
schon dort sein, höflich.

→ *trampen*

Arm seitwärts, Faust machen, Daumen nach oben strecken

Höflich: immer dort stoppen,
wo Aussicht sich staut, auf Ähren, Asphalt.
Ich habe die Luft nicht gepachtet.

Einmal stand ich diffus im Halt, das Schauen hopste,
prallte auf Bienen, mit Wucht.
Man schnappt hier nach jedem Material.

Etwas löst aus, dass ich mich schraube
in den träufelnden Lauf, ich bin eine Ansicht,
getüpfelt, und ich lerne geschwind.

Parameter, Aufprall, Blinker,
was soll die Schwemme?
Ich gründele, schürfe, sterbe zuletzt.

Auf welchem Bauch ich lande –
geheim.

sich drehen

auf einer Kreuzung, auf der Suche nach der richtigen Straße

Wie den Glanz des Präsidentenpalastes beschreiben?
Versuche, in die Breite zu schielen, es öffnet ein Panorama,

die weißgoldene Kuppel
trifft dich, instant hit.

Nirgends hinsehen, dann blitzen Wörter,
die stillen Begleiter. Ganz natürlich ziehen sie mit.

Auch Tauben bekommt man zu fassen,
Satzfetzen, Kastanien, Kranarme, Laster.

So kam Duft in die Welt, Lärm und Trugschluss.
Einfach alles verlängern. Drehungen stunden.

Kippen werfen, nach außen.
Den Satz umdrehn. Sich schrauben in einen Ansatz.

→ *sitzen*

am Schreibtisch, etwas am Computer schreibend

In einen Ansatz sich schrauben, umdrehn im Satz,
ich bin der Kastanienbaum draußen, werf etwas ab –

bekommt ihr die Fetzen des Bildes zu fassen,
Panorama mit Präsident, Kranarm, stillen Begleitern?

Ihr dürft nirgends hinsehen, sonst trifft euch Glanz,
und Lärm kommt als Duft, zieht in die Welt natürlich als Wort

in seiner ganzen Breite. Den Trugschluss beschreiben:
weißgoldene Kuppeln. So viele Kippen in stillen Stunden. Ein Hit.

gehen

neben jemandem, in den man heimlich verliebt ist

Wie das Angestupstwerden puscht. Ich pulse.
Bleib so, ich kaufe, surfe – Surplus – auf Trugblüten,
dufte, koste von diesem ausgesprochnen Gold.

Der Trick mit dem Schwanenhals.
Schaff das noch mal so rasch,
ich fahre per Tacker die Umrisse nach.

Immer das ganze Meer trinken, immer mich werfen
in uraltes Repertoire: gehen wie unter Wolken,
das muss ich endlich verlernen.

Einfach spazieren. Gern patzen. Mitten spinnen im Reden
über Wertpapiere und Flieder. Ich zeig dir im Gehen
das Glimmen.

→ gehen

betrunken, zu zweit, nachts eine Straße entlang

Ich zeige dir gehen als Trick. Schaffen wir das ohne Patzer?
Gern in den Flieder, mit Trinken.
Ich bin nicht aus Papier.

Wertsachen wären jetzt dufte. Bleib in den Puschen,
dein Puls wirft dich um, hier sind festgetackerte Blüten,
die kannst du verkaufen.

Reden wir einfach nie wieder.
Immer surfen wir gleich
mitten unter die Schwäne, was kostetet uns das?

Was wir spinnen, ist etwas zu golden.
Ich verlernte, durch Repertoires zu spazieren,
jetzt stupsen wir an die Umrisse der Wolken.

fallen

jemandem um den Hals

Ich werfe mich dem entgegen, die Aktion
meint feurig übersetzt: Ich taumle

in edelmütiger Schlichtheit.
In eins springen. Zu zweit.

Von keinem gehalten,
zerstiebe ich zu einer Luft.

⋆

Seitenwechsel, ich empfinde jetzt
florales Ranken den Nacken entlang.

Kann ich das abschalten? An dem Gedanken hängen
Schleppen.

Ich schüttle ab. Was übrig bleibt,
erklettert mich.

Wildes Beginnen,
sekündlich neu.

→ *liegen*

in Savasana / Totenstellung (Yoga)

Beginne wild,
schüttle dich in Gedanken.

Schleppe dich durch die Sekunden,
dein Nacken bleibt übrig.

Du hängst wie abgeschaltet.
Neue Flora wird dich beklettern.

*

Wechsle die Seite,
wirf dich

in Action, Getaumel,
zerstiebe als Feuer, entgegne der Luft,

übersetze
„in eins“ mit „zu zweit“,

es meint schlicht keinen.
Halte das für Edelmut.

sitzen

am Schreibtisch

Teilchen, Welle,
mich durchgehend,

find ich mich sitzend
im Schweben.

Jag ich mir nach, minimal?
Membran sein oder brav

standhalten der Anflut
Ausmaße? In dieser Haltung sieht man

alles zu viel: Ich, um die Ecke
segelnd, bewölke die Hüpfburg,

Kinder stieben davon,
weil ich, Riese, reise, im Schneidersitz.

Bugsiere diesen Gedanken
die Straße hinunter, zum Workshop

Innehalten heute.

→ <u>*sitzen*</u>

im ICE

Innegehaltenes Heute
sieht aus wie

Straßen bugsieren
um die Ecken einer Hüpfburg.

In dieser Haltung reisen
zum Gedanken-Workshop.

Warum gehen Kinder im Sitzen durch
als schwebend?

Keine riesigen Wellen,
minimal zu viel flutet heran,

Teilchen, gejagt durch Membran.

Alles bewölkt.
Das Ausmaß ist brav.

Schlittschuh laufen

zum ersten Mal auf dem Eis sein

Wie getrickst wirken soll Simples,
simpel, schlicht jeder Trick, ich
stürz ins Dazwischen, und brilliere
ich im Freeze, bitte knipst mich.

Sich verwickeln ins Gelingen, obs glückt
oder nicht, twisten mittendrin, wo Mitten
sich entziehn dem Thema, rühren an Tilts,
sich türmen, dazu nicken, sich schleppen, wohin

die Spur einen zieht, nach links, dann kippen,
kick, Aal sein oder Eis, Wolke oder Wetter,
ich schraub den Sachverstand höher, verstehe,
wie ich verstehe, eins weiter, spring

ins nächste Wissen, wieder raus hüpfen,
Lernen besiedeln wie Pilz, ich schieße
über, man kann es Tüfteln nennen,
bitte knipst. Simpler Trick.

→ *hechten*

in eine Menschengruppe, nachdem man
den Selbstauslöser der Kamera gedrückt hat

Von simplen Tricks was verstehen –
ich weiß einen Aal um Eis zu wickeln,
Spuren von Wolken zu schießen, aber
bitte jetzt nicht nicken, wo mein Knipsen
zu gelingen scheint, ich will das Glück
freezen, ich türme in eure Mitte.
Niemand wird sich entziehen, sobald
ich springe oder hüpfe, niemand wird
kippen, mit einem Twist dazwischen.
Tüfteln ist kein Thema. Wir müssen
ungerührt brillieren.

den Zeigefinger auf die Lippen legen

Dirigiere Energie an die Stelle,
wo deine Lippen am dünnsten sind.

Nein, Stille lässt dich nicht erblinden,
entstellt nicht zur Vogelscheuche,

nur weisen die Spitzen des Lärms nun mal
auf dich. Tollpatsch, der „Alarm“ denkt,

nicht brüllt, sich auf Knöchel beißt
vor Schweigen. Der, sich sammelnd, bald

zögerlich „Kuckuck“ schreit.

→ *in die Hände klatschen*

zu Beginn der Gymnastikstunde

Kein Kuckuck schreit, ich beiße mich schweigend
durch Energie. Nein, meine dünnen Lippen weisen

nicht auf Knöchel, nein, ihr seid keine
Vogelscheuchen, nicht tollpatschig.

Ich sammle nur Stellen, wo Lärm sich denken lässt,
ich dirigiere Stille in euer Zögern,

die Spitzen des Blindseins.

joggen

zu zweit durch den Park, sich dabei unterhaltend

Wie geht hüpfen im Denken ans Stehen?
Ich verpasse, was ich sage, kanns nicht nachholen,

verpasse, was ich sehe, Abbildungen meiner Ideen,
sie gleichen Glanz am Hals einiger Spatzen.

Ich schwöre auf Schwanodrom als Wort
für Stellen im Satz, die nach See klingen,

wir schlittern auf Kies, ich wollte Gras sagen,
sprach ich eben vom Rasen einiger Wolken?

Ich meinte rastlos, ich wollte baden, ja, im Januar,
du hast mich missverstanden, bezahltest den Kaffee

im Kaffeehaus, der Stuhl kippte um, als du aufsprangst.

springen

über eine Pfütze

Äußerst scheuchen, alles an sich.
Das Unterfangen scheint übersteigert. Dennoch,
beiseite. Ich flirte mit hitzigem Stil.

Ambitioniert Empires ergründen,
Augentiere, Blüten, eutrophe Sunde,
will hier noch jemand Helium fischen?

Minütchen. Ich sekundiere.
Drüber. Schiebe. Schüre die Wasser,
dass sie peitschen, fluten, den Gehweg.

Ich baue mir wirtliche Tiefen.
Tauch ich in solche Sätze,
ich blinzle in üppige Feuer.

→ *den Kopf in die Hand stützen*

beim Nachdenken

Blinzle ich in üppige Feuer,
fische ich aus einer Minute Tiefe, ambitioniert.
Das ist gesund.

In welchem Stil ich gründle?
Tauchend in eine Blase,
mach ich übers Empire einen Satz, z. B.

Will ich peitschend,
scheuchend, äußerst übersteigert
beiseiteschieben,

was meine Augen überfluten würde,
Tiere auf dem Gehweg z. B.?
Flirte ich mit Wirtlichkeit?

Ich werfe mich hitzig in Helium,
bin drüber in einer Sekunde,
überm Wasser.

Das Gebäude aus Unterfangen
blüht eutroph.

die Hand ausstrecken

bei einer Begrüßung,
während der andere die Arme ausbreitet

Dem Finden Entwischen fingieren.
Im Stimmigen wühlen, Swing im Flur,
Tür zu, Flunkern rundum, und Schwung.
Umrisse tasten. Im Schwange das Tatschen
höflich bereuen, dann spannen. Und halten.
Das ist vom Mars. Es haben, am Hals. Arten
zu schmalzen. Das Schultern, steht im Vertrag.
Man falle an. Stiere in Gefilde. Matador,
wir knicken ein, ich greife um, heble mich in Schub,
darf durchstöbert sein. Laschen. Dran vorbei.
Nie wird das flutschen, leuchtet ein.
Verlängern, den Fight. Bis der Plüschriese erscheint.

→ *greifen*

nach dem Knauf der Wohnungstür,
nachdem man sich selbst ausgesperrt hat

Nicht aus Plüsch. Du kannst die Tür tasten.
Lass dich nicht fallen in ihren Umriss,
stöbere nicht. Fingiere eine Stimme,
finde dich ab, wühle dich seitlich vorbei,
unternimm eine Reise, entwische zum Mars,
hast du einen Hals? Bereue ihn später,
jetzt stehst du im Zug. Nimm Schwung,
irgendwo ist jemand höflich: der lasche Nachbar.
Flunkere stumm, spanne ihn ein, halte
dem Matador das Schmalz, dann knickse.
Deine Art zu verlängern im Flur den Schatten,
geschwungen von riesigen Schultern.

das Victory-Zeichen

Anleitungen

Nicht die Faust. Ich meinte das V.
Als Verzierung überdauert dein V
dein eignes Verblassen? Falsch.

Es versucht zu vertuschen,
wie du verhungerst, auf ein Zeichen geworfen,
ein Fingerzeig, bald veraltet, St.-Georgs-Geste von gestern.

Heißt das: Verbalisiere lieber das Siegen,
somit, den verdammten Losern drücke kein V aufs Auge?
Schmeiß das V beiseite, hilf ihm historisch werden,

brenn es dir in die Stirn, sprüh es den Hunden ins Fell,
probiere das V auf Stelzen, verfüttere gleich
jeden Gewinn an die Enten.

→ *denken*

*sprunghaft, während des Spazierengehens
im Park mit dem Hund*

Ist der eigene Hund auch ein Gewinn,
Verzierung ist er nicht, er ist Fell
und bereits Historie.

Nicht das Gleiche wie die Enten,
du füttertest sie, verdammt, sie gingen auf Grund.
Das beiseite.

Veraltet: die Faust zu verklären als Zeichen,
ein Zeigefinger als Erscheinung, Fingerzeig,
verbal dem Sieger aufs Auge gedrückt.

Du vertauschst die Gesten, brennst nicht, sprühst nicht,
George, du bist keine Hilfe, von gestern
dein Gestelze, wieso

schmeißt du dich mit der Stirn ins Bleiben?
Verblassen klappt von allein,
du wirst nicht verhungern, falsche Losungen versuchen.

Den Kitsch mit dem Hund überdauern,
Liebes.

tasten

in der Handtasche nach einem Gegenstand

Begreifen nachbilden, tricksen,
Alltagssachen einrasten lassen.

Das ist der Schirm.
Das ist jetzt ein Witz.

Unterschiedliche Größen von Nummern.
Handhabe beim Zugriff auf sie.

Samten ist alles, spitzwinklig, triftig.
Schimmer bereist meine Vorstellungskraft.

Das sind die Dinge, sie schlängeln,
ich fahre durch Tatsachen, Haufen aus Haarspangen,

erfahre den Hafen, hurra,
ich bin im Warmen gelandet.

Gleitend ins Off, verschwinden Dinge,
bringen keine Schirme mit.

Ich dirigiere mit dieser Maxime
in meine Nähe, was die Hand nicht anfassen mag.

→ eng tanzen

Nicht anfassen mag ich die Nähe –
Hände weg von derlei Maximen.

(Aus dem Off:) Begreif doch, man landet
nie auf Samt, das wäre nicht triftig
und auch zu warm.

Tatsache, Erfahrung, meine Häfen.
Wie ich mit solchen Nummern verfahre?
Durchaus habe ich Schimmer,

und der Alltag hat seine Tricks,
man bildet Zugriff bloß nach.
Es dirigieren unterschiedliche Größen
die Vorstellungskraft.

Ding, das sich schlängelt,
Sache, die reist, nie rastet.
(Aus dem Off:) Du bist ein Witz,
wie jeder Schirm ein Witz ist.

den Vogel zeigen

seinem Liebsten, dargestellt anhand einiger Gründe dafür

Weil er tippte, ihre Topform käme zustand
mittels meditieren morgens, mittags, abends.
Weil sie jedem verriet, er spiele am liebsten
„Ich bin Brad Pitt“, oder Autoquartett.
Weil er im Schnee den Goldfisch begrub,
sie um Hilfe rief. Mungobohnen sprossen,
Keimbox in Vollversion, sie blieb liegen,
weil Würde eine Größe war, in Stein gehaun.
Er führte die karierte Hose spazieren.
Sie grübelte, wie ihm begegnen.
Sie stellte einen Fuß raus, fing ihn auf.

→ *joggen*

durch den Park der Villa

Sie fing auf: Dinge in Formen von morgen.
Version eines Autos mit Spiel für den Fuß,
Liegehilfe, Meditationsbox.

Jeder liebte ihr Brad-Pitt-Gesicht, ihr goldnes Top.
Zum Sport spazierte sie in Hosen, ihr Zustand: begraben.
Sit-ups, Grübeln am Mittag.

Die Größe der Karos verrieten Stellung und Würde.

Headbanging

zu Motörhead

Ich spiele rechtschaffen mit Sound, bitter
und scharf seien seine Farben, schick
Impulse in meine Frisur, nutz ihren Schwung.
Ich schraube mich in Luft, nicht wirklich
nüchtern, nicht wirklich überschäumend.
Dann verschachtelte Parts, die eine andere schütteln.
Ja, ich hänge gern in meinen Rippen.

→ *tanzen*

Quickstepp

Meine Rippen sind verschachtelt,
jemand schüttelt mich mit Schwung,

überschäumend sein Impuls.
Meine Frisur hängt verspielt,

luftig verschraubt mit Wirklichkeit.
Schärfe ist in allen Farben.

Ich werde das nüchtern kaum schaffen.

winken

jemandem im abfahrenden Zug

Umringt von Details, ihrem flüchtigen Dasein,
wird der Arm in die Lüfte gehoben.
So fein geht ein Faden durch Butter.

Soll ich alles Schauen im Bahnhof
lenken auf unser Drama, auseinander
driftende Arten, glänzend Präsenz sein,
Ausrufezeichen, derweil mein Denken,
wild durchblüht, gegen Farnwälder zieht?

Niederstürzen, aufrappeln, wieder
stürzen, in jeder Hinsicht mehr als genug.

Dein Einsteigen, eine Litanei.
Angemessen, mein Winken.
Eine Aufgabe unter anderen.

→ *Treppensteigen*

die Gangway der Präsidentenmaschine hinauf

Eine andere Aufgabe: blühen, in jeder Hinsicht
genügend Präsenz. Das Pensum: winken,
einsteigen, nie selber lenken. Da sein, angemessen.
Wieder wird gleich abgehoben in die Lüfte.
Fein: Man wird nie gestürzt, alles in Butter,
man schaut in einer Art dramatischem Denken,
ringt um jedes Detail, driftet gegen Litaneien.
Man hat in jeder Hinsicht einen Rappel.

sich strecken

beim Staubwischen, nach Regalbrettern hoch oben

**Materie sich selbst überlassen, Oberflächen raten,
das Gezackte, das Samtige empfand ich angenehm
lauwarm, selbst einen nadligen Anschein handzuhaben
als harmonisch, ich warf mich in Verwringungen von Elle,
Speiche, fehlender Zusammenhang fühlte sich an, versprengte
Flohbeine und Orbit-Papier, was sollte das Zimmer sonst sein
als Zirkus, Bestand auf Schränken plus mein Eingreifen
in Glitzerzeug, ich dehnte mich zu Fuchshaar, etwas wie Stein.**

→ *Handstand-Überschlag*

im höheren Alter geübt

**Wie Stein dehnen sich meine Beine,
der Stand meiner Verwringung harmoniert
mit zackigem Greifen in nadliges Material.
Das Glitzerzeug im Schrank zu lassen,
wurde mir geraten, im Zirkus fehlt allen
das Zusammenhängen von Elle und Speiche.
Man soll samtig erscheinen, aus dem Orbit,
handzuhaben wie Papier.**

staksen

durch ein unaufgeräumtes Zimmer

Beiläufig, beinah heimlich
sich einfinden in Sichtschneisen,

klingt wie friedlich hinausschießen
über die eigene Güte, pastelliges Gatter.

Immer unsortierter kommen die Fragen an,

warum bildet der Körper kein X?
wo strömt Symmetrie in ihn,

wo tritt sie heraus? Mein rechtes Auge
wirft Lassos aus, das linke weist nach innen.

*

Ich räumte den Raum auf
zu Anfang eines traumartigen Ablaufs.

Schränke in Ecken
vor Blicken gerettet,

gruseliger als ein Regal,
die Nacht über angestrahlt

in Magenta und Pflaumenblau.

→ *sitzen*

Drehsitz / Ardha Matsyendrasana (Yoga)

**Nach innen weisen die Fragen,
Körper, wirf dich in Symmetrie.**

**Nach links strömt die Sicht, dann
nach rechts, sortiere dich, finde**

**dein X, bilde beiläufig ein friedliches
Gatter. Warum tritt wo was heraus?**

Sei heimlich dein eigenes Lasso.

→ *sich ruckartig aufsetzen*

im Bett, aufgewacht nach einem schlechten Traum

**Magenta und Pflaumenblau
strahlen in den Raum. Gruselig**

**mein Traum, eine Art Anfang,
nachts, ich räumte den Schrank**

**aus dem Blick, rettete mich
auf ein Regal.**

→ *schlendern*

durch den überfüllten Bahnhof, auf dem Weg zum Gleis,
während andere zum Zug eilen

Lauft hart, schnell zum Zug, der Weg ist heiß.
Außer man gerät in eine Schar. Zu Hülfe!

Posing ist ein fieser Sport. Ihr seid nicht unendlich flexibel.
Ich spiele immer die Drehtür oder das Tier.

Empörend: Nichts ist aus Plüsch, und ich rolle nicht gern
über Treppen, durch Gänge, wo Prototypen sich schmiegen,

sie schmiegen sich martialisch an mich.
Druck spülte mich her.

Was bist du für eine Sorte, ein Zweiglein? So schüchtern?
Ist das eine Art? Man muss treiben in Gruppen, nicht jagen.

Jagen nur als Reserve. Ist das ein Lauf? Du bist ja in Schale!
Nur so mein Eindruck, eng, und es glänzt.

Wer werkelt da? Schneidet mir jemand die Spitzen?
Ich schwächele im Verborgenen,

ich bin in einer Kammer mit Spiegeln, einem Flor
aus Kreuzen.

Rolle rückwärts

**In Zonen des Zorns sich dehnen,
höchst zögerlich schielt mein Wesen**

**durch die Beine, zeigt seine steile Seite,
als wäre ich selbst der Abhang, den ich meide.**

**In Welten zwischen „Gespür" und „Verknüpfung"
fallen meine zahllosen Rücken.**

→ *fallen*

in einen Ameisenhaufen

**Mein Rücken fällt in eine Welt zorniger Wesen.
Ich schiele zur Seite: zahllose Beinchen,
spürbar wie Dehnung.**

**Ich bin steiler Abhang, werde gezeigt,
geknüpft in eine Zwischenzone,
dann zögerlich gemieden.**

AUFGABEN

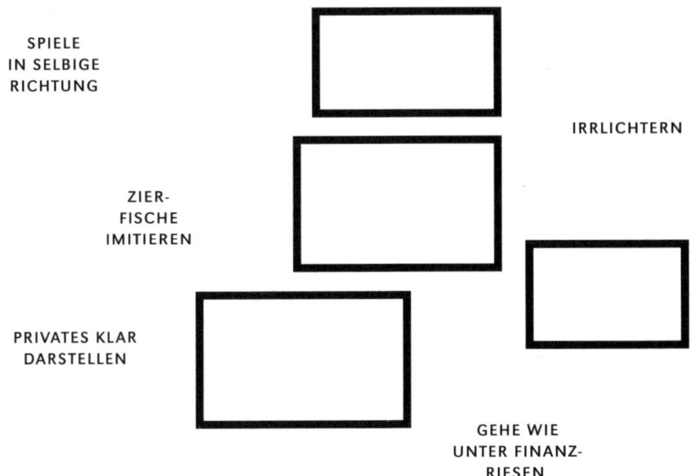

SPIELE
IN SELBIGE
RICHTUNG

IRRLICHTERN

ZIER-
FISCHE
IMITIEREN

PRIVATES KLAR
DARSTELLEN

GEHE WIE
UNTER FINANZ-
RIESEN

FÜHLE DIE KRAFT
EINES SCHWARMS

WAS DU ANHAST,
IST SCHON DIE HAUT

EIN
WINKEN
DENKEN

AN DER
GRENZE
ZUR WUT

VERGRÖBERN
VERKÖRPERN

DAS SCHEMA
VERSCHIEBEN

DU WÄHLST
EIN NEUES GEFÜHL
FÜR „PERSON“

JUBELE
SKEPTISCH

DU FÄLLST
IN EIN GEWÜHL

PROTHESE SEIN
FÜR DIE EIGENE
INNERLICHKEIT

SPIELE
„DIE PLUMPE
BRUT“

OBEN
BETONEN

DAS UNTEN
NUR TUPFEN

ETWAS
DÜRFTIG
UMSCHLURFEN

WACHSEN
SPLITTEN

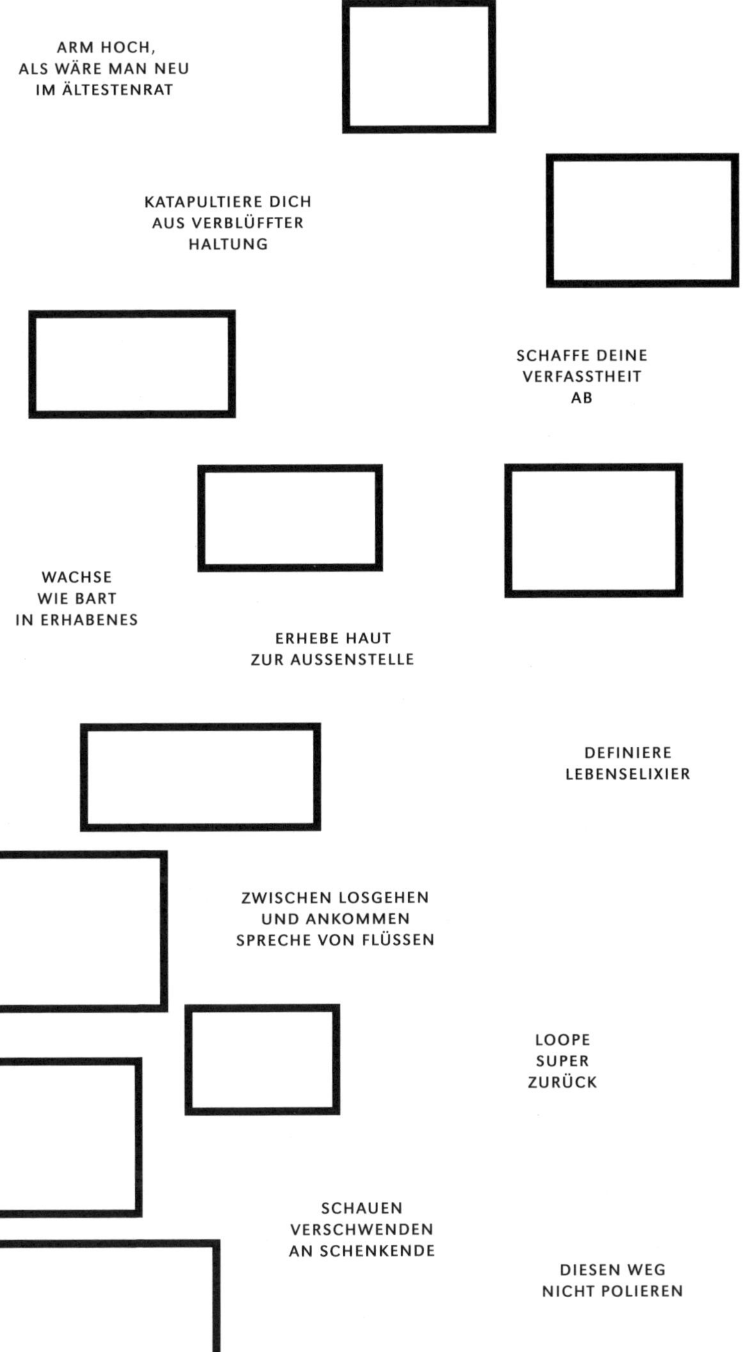

ARM HOCH,
ALS WÄRE MAN NEU
IM ÄLTESTENRAT

KATAPULTIERE DICH
AUS VERBLÜFFTER
HALTUNG

SCHAFFE DEINE
VERFASSTHEIT
AB

WACHSE
WIE BART
IN ERHABENES

ERHEBE HAUT
ZUR AUSSENSTELLE

DEFINIERE
LEBENSELIXIER

ZWISCHEN LOSGEHEN
UND ANKOMMEN
SPRECHE VON FLÜSSEN

LOOPE
SUPER
ZURÜCK

SCHAUEN
VERSCHWENDEN
AN SCHENKENDE

DIESEN WEG
NICHT POLIEREN

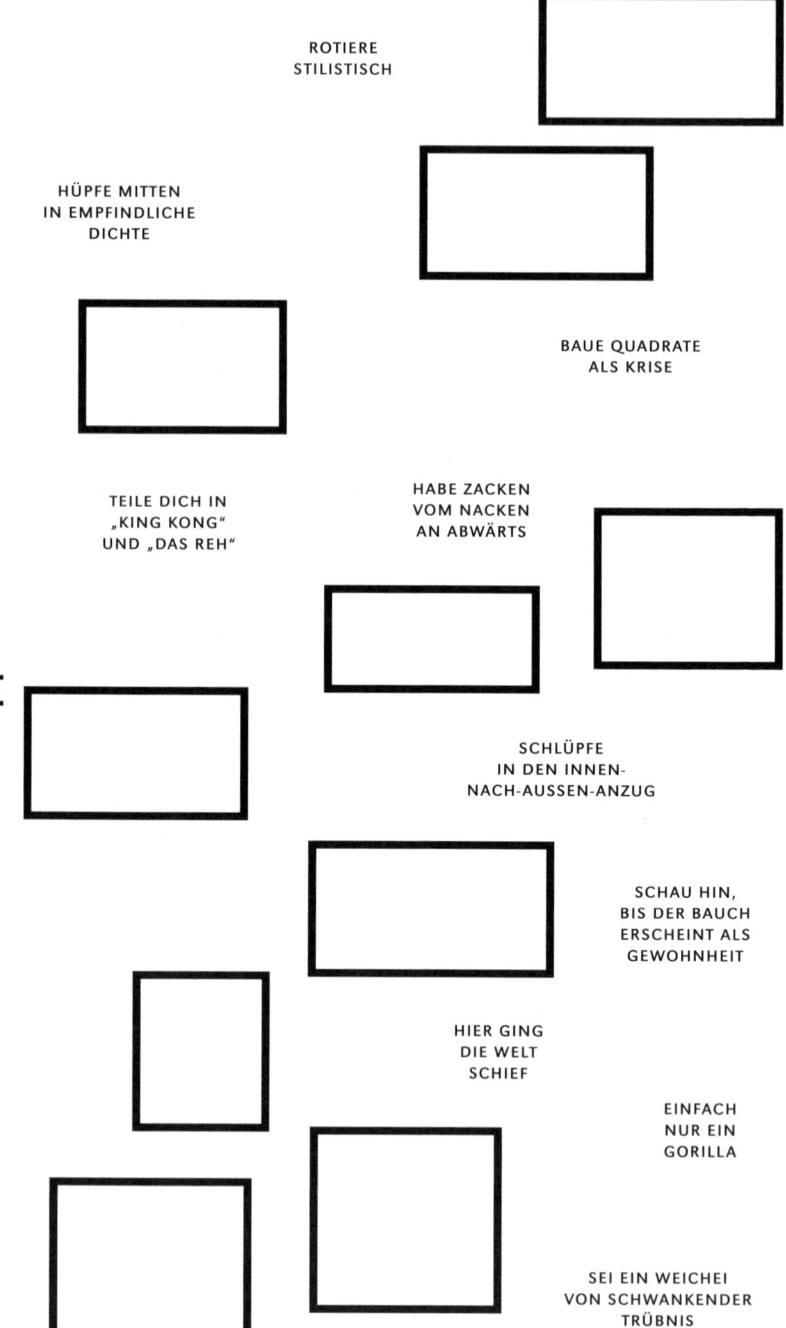
ROTIERE STILISTISCH
HÜPFE MITTEN IN EMPFINDLICHE DICHTE
BAUE QUADRATE ALS KRISE
TEILE DICH IN „KING KONG“ UND „DAS REH“
HABE ZACKEN VOM NACKEN AN ABWÄRTS
SCHLÜPFE IN DEN INNEN-NACH-AUSSEN-ANZUG
SCHAU HIN, BIS DER BAUCH ERSCHEINT ALS GEWOHNHEIT
HIER GING DIE WELT SCHIEF
EINFACH NUR EIN GORILLA
SEI EIN WEICHEI VON SCHWANKENDER TRÜBNIS

BINDE DIR
EIN BRETT
AUF DEN BAUCH

KNETE DICH
IN ZWEI
ERRÖTENDE

BEFREIT
UNTER KABELN
KRABBELN

IN EINE TONNE
LOSE ROLLEN

STEMME
IN EINER TONNE
LOSE

ZERSTÜCKELE
GLÜCKLICHE SONGS
IM HÜPFEN

STUFE DICH
ZURÜCK

VERTEILE
DREHUNG
ZÄRTLICH

VERGALOPPIERE
DICH MILDE

ZIEHE AUS ZIERDE
DEIN ZIRKELN

PULSE IN ALLEM,
WAS WABERT

IN FREUNDLICHES
SCHEUEN
STEPPEN

STELZE
ALS HERZCHEN

SPEISE DICH EIN
IN WEILCHEN
FREIZEIT

FEILE AN
ENTZWEIUNG

ENTEILE
ENTEIGNUNG

FALTE WOLKENARTIGES
ZU STANDARDS

BLASE KRAFT
AUS DEINEM ATEM

LASTE FLACH
AUF ANDEREN

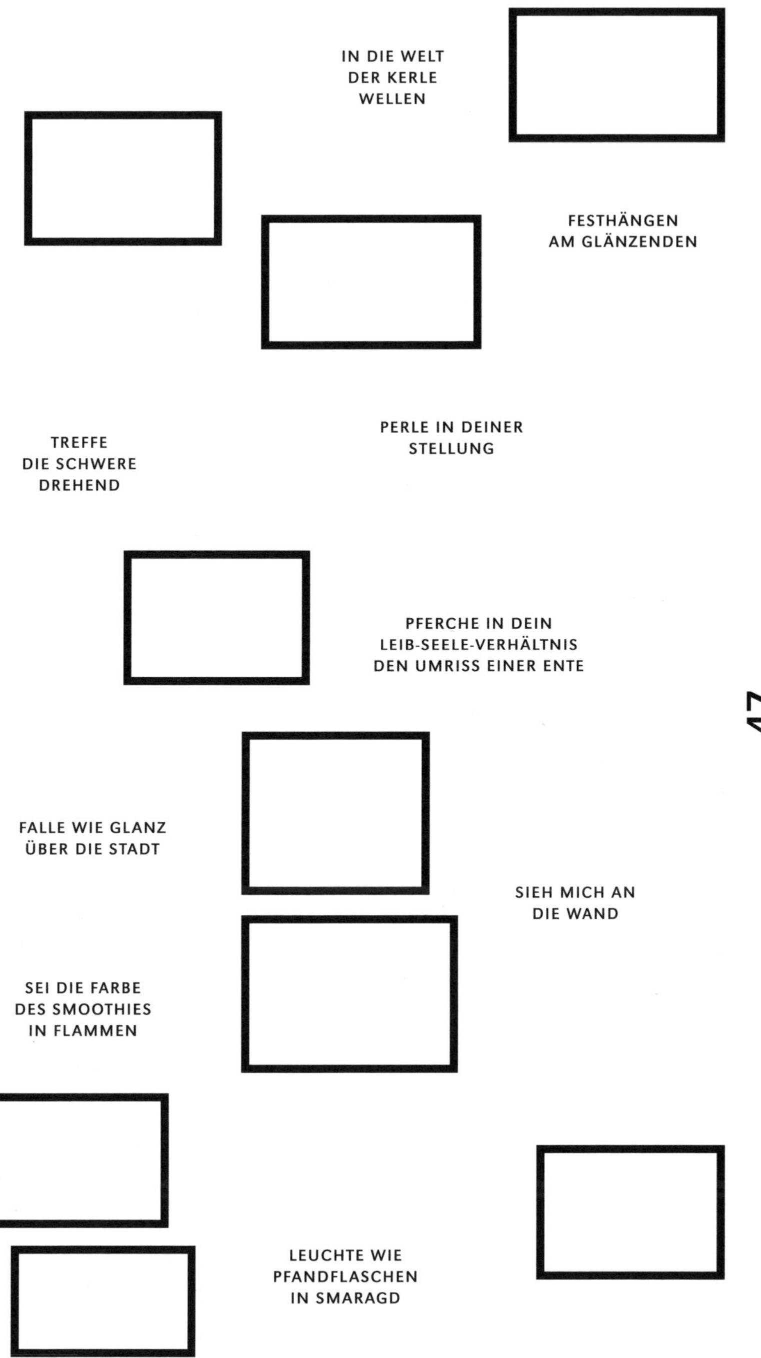
IN DIE WELT
DER KERLE
WELLEN
FESTHÄNGEN
AM GLÄNZENDEN
PERLE IN DEINER
STELLUNG
TREFFE
DIE SCHWERE
DREHEND
PFERCHE IN DEIN
LEIB-SEELE-VERHÄLTNIS
DEN UMRISS EINER ENTE
FALLE WIE GLANZ
ÜBER DIE STADT
SIEH MICH AN
DIE WAND
SEI DIE FARBE
DES SMOOTHIES
IN FLAMMEN
LEUCHTE WIE
PFANDFLASCHEN
IN SMARAGD

HAUSHALTE
MIT GEFÜHLEN

BLASE INS SELBE
HORN WIE
HASSLIEBE

HELP YOURSELF,
UND DIE STUNDE
IST RUM

STEUERE
MIT DEN FÜSSEN

PFLEGE
DEIN HOBBY
SYMBOLISCH

QUETSCHE
DAS LETZTE
AUS ALLEM,
WAS WIMMELT

VERWECHSLE
SUBSTANZ
MIT SUBSTRAT

KREISE UM
SCHWÄRME
FRISCHER IDEEN

VERBLASSTE
ZWÄNGE
VERBLASEN

SITZEN. STEHEN. GEHEN. SÄTZE.

Wenn ich merke, dass ich dabei bin, eine Haltung auszuhalten, muss ich gleich überprüfen, ob ich damit nicht eine Haltung einnehme. Ich bette mein Kinn in die Hand und denke nach. Ich markiere mit dem Ellenbogen einen Punkt auf der Tischplatte und lasse den Rest meines Körpers kreisen. Ich kippe von der Mitte meines Rückens weg und stürze mich in eine neue, unbekannte Achse.

Die Bewegung geht weiter. Sie geht in eine andere über oder wiederholt sich. Will ich sie vor dem Vergessen bewahren, muss ich sie aufschreiben, sie filmen oder zeichnen, oder ich muss sie einer anderen Person zeigen, die sie nachmacht und sie aufbewahrt in und mit ihrem Körper. Diese Person kann, wenn nötig, die Bewegung dann auch aufschreiben, sie filmen oder zeichnen, oder sie jemand anderem zeigen, der sie sich merkt, aufbewahrt in und mit seinem Körper, und wenn nötig, kann auch er sie aufschreiben, filmen oder zeichnen usw.

Ich hebe die Hand und sage: Stopp. Das schreibe ich auf, in einer Haltung, die mich die Hand aber nicht heben lässt, weil ich schreiben muss. Stopp. Das bitte noch mal. Ich schreibe, dass ich sichtbar bin in meiner Haltung. Dass eine Halterung mich umklammert. Ich umklammere indessen meinen Arm, damit ich etwas habe, um an mich zu halten. Ich halte den Arm für überbewertet. Ich halte auf Abstand, was ich sage. Halten wir uns an die Abmachungen und klammern uns an die Garantie, die uns verspricht, dass wir nicht vollständig übergangen werden. Überfahre mich nicht mit deinem Handstand. Ich sage, dass ich hier bin und durch das Zimmer tänzele.

Ich sitze jetzt im tiefsten Zweifel am Sinn meiner großtuerischen Geste. Ich sinke. Niemals wollte ich so tief sitzen. Ich wollte, als ich meinte, jetzt gleich losschreiben zu können, um einige Gedanken endlich fest zu bekommen – ich wollte das nicht so zweifelnd tun. Wenn aus dem Schreiben eine Haltung wird und man konserviert das, was man geschrieben hat, aber die Haltung nicht, was dann? Wie man sich in eine Haltung hineinschreibt, so kommt man aus ihr nicht heraus. Gehe ich hüpfend hinein, komme ich hinkend wieder heraus. Rolle ich in sie, mache ich einen Satz wieder heraus. Aus der Haltung könnte eine Bewegung werden, deren passivster Teil ich bin.

Manchmal sitze ich am Schreibtisch und hebe die Hand und mache eine Faust, dann strecke ich die Finger wieder aus. Das wiederhole ich dreißigmal. Durch die Wiederholung wird die Bewegung mehr und mehr Teil eines festen Repertoires, das mein Körper beliebig abrufen kann. Die Faust bekommt durch diese Eingliederung in den Alltag ein völlig anderes Gesicht. Ich mache ein Gesicht wie Darth Vader, wenn er überrascht ist, wenn ich die Faust mache. Ich mache ein Gesicht wie ein echter Mann, der überrascht von meinem Gesicht ist, wenn ich die Faust mache. Ich öffne und schließe die Finger nun schon so lange Zeit, dass mein gesamtes Leben diese Auswirkung immer leichter verkraften kann. Man sagt, ich stampfe mit einem Gesicht wie ein arglistiger Schamane durch den Tag. Ich hebe die Hand und bezahle in bar. Ich hebe eine Cola in ihre Welt. Ich stemme mich immer fester gegen die Süße des Gesehenwerdens. Ich wohne in einem Zelt und schleudere die Wörter direkt vom Reißverschluss aus den Passanten entgegen.

Oder nur die Hand heben und die Finger spielen lassen und die Schatten beobachten, die ihre Bewegungen an die Wand werfen. Soll ich sie verfluchen, diese Geste, als etwas in sich Gekehrtes, so sehr entkoppelt von allem? Sieht man, wie ich gerade sitze? Ich könnte noch mal das Gleiche schreiben in einer anderen Haltung. Schreibe das auf und ahme während der Bewegung des Schreibens das

Schreiben nach, und wenn ich schreiben sage, meine ich schreiben ohne eine Bewegung.

Ich möchte nicht vom Sitzen sprechen. Ich möchte im Sitzen nicht reden. Ich möchte auch nichts so Großartiges machen, dass es jeden Menschen in seinen Sitz presst. Ich spüre, dass, wenn ich jetzt noch länger darüber nachdenke, das Sitzen kulminiert, ein Stürzen ins Kippeln wird. Ich will hier sitzen, als würde ich lieber gleich gehen. Die Bedeutungen wechseln so schnell die Bewegung, dass es aussieht, als renne das Zimmer.

Und wenn ich alles stehen und liegen ließe und einfach nach draußen ginge? Dort rollt auch jeder bloß vor sich hin in seiner eigenen lethargisch abgebremsten Kapsel. Ich würde über das Gehen der anderen nur stolpern. Ich würde das lieber nicht wollen. Ich würde gern die Variante mit dem Umknicken hinken. In Würde segeln über einen Untergrund aus Schaum.

Ich wünsche mir, dass alle meine Bewegungen mich überleben. Man soll den Druck meiner Hand auf seinem eigenen Arm noch jahrzehntelang spüren können. Oder das sachte Knallen meiner Schläfe an die seine. Ich möchte einen Abdruck aller meiner Bewegungen herstellen. Heraus käme wohl ein Gespinst, das in viele Richtungen zieht, und zugleich wäre es ein Klumpen, darin eingestempelt so viele Prägungen, dass aus dem Klumpen dann doch wieder Gespinst wird. Diese Delle hier, das war ein sehr schöner Schritt, oder hier, als ich einmal jemandem um den Hals fiel: eine genaue Aufzeichnung davon, wie mein Körper erst zurückwich, dann weit wurde, sich öffnete, die Arme und Schultern der anderen Person aufnahm.

Wie ich einen Fuß auf den Boden setzte in größter Wut. Wie ich eine Idee verteidigte gegen das Abwinken aller und meine Gesten gerieten so feurig, dass sie riesigen Armkreisen glichen. Oder wie ich mit Nachdruck den Daumen auf die Tischplatte presste in einem Gespräch. Einmal legte ich Zeige- und Mittelfinger meiner rechten Hand über mein Herz, hielt dann die Finger gestreckt in den Raum. Ich sperrte den Mund auf und herein strömten lauter winzige Frischekicks. Den Ellenbogen, der in meine Seite stieß, katapultierte ich weg, indem ich die Muskeln an dieser Stelle mit einem Ruck anspannte. Ich federte in den Läden. Ich führte meine Nasenspitze in Reichtum. Meine Zehen sperrten sich gegen die Wirtlichkeit, die von allen Seiten in meine Schuhe drang. Als ich aus einem Fenster hinaushauchte, schlossen die Banken aus Angst vor der Gewalt meiner Geste. In der Luft war ein Haufen Staub, Abgase, Ansagen von anderen.

Ich möchte alle Bewegungen meines Lebens konservieren. Ich möchte gern eine Kiste mit Bewegungen an einige Leute vererben. Nimm dieses Heben meines Beins und wende es auf dich selber an. Nimm dieses haltlose Zurückwerfen des Haars. Rüttle das Kämmen mal kräftig durch. Lass dich nicht erwischen, wenn du mein Trippeln nachahmst. Du bewegst deinen Hals wie ein Mann. Du trinkst wie ein Schwan. Du hast einen Gang wie ein schwarzer Hahn. Du schüttelst den Hals als Giraffe. Du setzt Fuß vor Fuß und tüftelst an deiner Präsentation. Du hebst Fuß um Fuß aus dem Schnee und wirfst mit dieser Äußerung alle, die hinter dir gehen, um. Du bewegst deine körperliche Logik recht nachlässig um die Ecken deiner kleinen Stadt. Deine Stadt ist zu klein dafür, wie du gehst und stehst. Du musst raus aus der Stadt. Du musst dich in deinem Körper verbarrikadieren, um an die Ränder des Denkens zu gelangen. Dann wirst du in den Reichtum hineingehen wie andere Leute in eine südliche Wärme.

Ich werde mich in der Zukunft bewegen mit Schritten, die noch nie da waren, mit einem

Kopfschütteln, das ganz anders aussieht als das Kopfschütteln jetzt. Das Kopfschütteln der Zukunft, es hat Zacken und Ecken an den Übergängen zur reinen Geste. Wir können das jetzt ausprobieren. Alle meine alten Bewegungen müssen ins Archiv.

Während ich so derartig große Hüpfer machte, dass alles um mich mithüpfen musste, kam die Sanftheit über mich und ich schloss meinen Frieden mit der Welt des Spaßes. Alles, worauf ich achten musste, war, maximal sanft zu landen. Dann alles loslassen, in die Knie gehen, anspannen, das Ganze von vorn. Kleinstmögliche Armkreise unter die größtmöglichen mischen. Sobald das Hüpfen im Denken mehr an Sicherheit gewinnt, sich kräftigt durch Training, wird man diese Technik und damit sich selbst in seiner Raffinesse schon wieder überholt haben. Man wird an der Bushaltestelle stehen und denken, dass man noch nie so gut und frei von allen Bedenken an einer Stelle stand wie jetzt eben.

Wenn ich stehe, ist das eine Geste des Entnervtseins. Stehe ich, bleibe ich auf Augenhöhe mit dem Leben, das ich vorher auch schon hatte. Siehst du jemanden, der stehen bleibt, klopfe ihm von hinten sachte auf die Schulter. Ich stelle mich hin und versuche, nicht zu sehr in die Tiefe zu gehen damit. Nicht an die äußersten Ränder steuern, an nichts tasten, was nicht bekannt erscheint. Stehen, ohne an das Gesicht im Stehen zu denken. Stehen unter schwierigsten Bedingungen. Stehen wie ein Mann. Unter den Reichen stehen und nicht erkannt werden. Das Stehen ist von bestechender Einfalt. Das Stehen nervt.

Wenn ich stehe, dann stehe ich immer gleich auf die Bushaltestellen mit ihren Rändern und Menschen. Wenn ich stehe, fällt immer gleich jemand anderer um. Wenn ich stehe, spreche ich von Flüssen. Ich doziere schon wieder über die Bewegung zweier nicht still Stehender, und keiner will mehr zuhören. Ich erzähle etwas über die Techniken des Klebens an alten Bildern. Davon muss man loskommen. Deine Sohlen biegen sich heute nicht für mich. Ich werde abseits stehen, wenn die Zukunft sich niedersenkt auf die Erde und die Coffee Shops sich erledigt haben werden. Ich stehe mit je einem Fuß glücklich in einem Kübel und habe nicht viel Geld, aber einen hohen Schleuderwert in der Kategorie Gedanken.

Ich gehe ins Scheppern. Ich gehe in die Disco. Wenn ich heimgehe, wird keiner diese gigantische Bewegung stoppen, schon gar nicht die Lawine aus Beschwichtigungen und Gute-Nacht-Küssen. Ich werde gehen, so weit es sich ermessen lässt. Wie lässt es sich gehen unter den Toten von droben? Dieses Gehen gehört allein mir. Dies Kehren. Das Rücken. Ich ging in einen Saal voller Toleranz und sparte nicht mit Kommentaren. Ich haderte mit allem, was mich hinken machte. Ich hob im Stehen das Knie und zog es mir unters Kinn.

Man nannte das, in was ich ging, eine Kaskade aus Schlammassel. Mit meiner Hand formte ich einen Schnabel, hielt ihn gegen den Lichtstrahl eines Scheinwerfers und rief etwas hinein. Es drang durch die Menge und prallte erst an den Fensterscheiben wieder zurück in den Raum, bildete Echos, die merkwürdige Referenzen entstehen ließen, einen gediegenen Saal mit nichts darin als einem Wasserbecken voller Koy-Karpfen. Ihr träges Wehen mit den Flossen, ich werde es hier für euch wiederholen.

Ich ging in diese Geschichte nicht mit dem geringsten Anschein eines Zögerns im Gehen hinein. Ich stürzte in die Angelegenheiten, ruderte mit den Armen, als ich gefragt wurde nach dem Sinn einer so gewaltigen Ansprache an mich selbst. Ich stellte mich auf die Zehen, um ein Gefühl für die Strecke zu bekommen, die mich trennte von den glitzernden Dingen im Schaufenster. Die Leute auf der Straße stießen die Beckenknochen voraus.

Das ist alles, was übrig blieb von meinem Gerüst aus Bewegung. Ein Skelett, das um das Knochenskelett gewickelt ist. Das war alles, ein sachte angegangener Headspin. Ich hebe meine Fersen auf diesen Absatz und ich rufe: Hurrah. Ich bleibe von meinen Bewegungen üblicherweise übrig. Ich setze mich ab. Ich kaue. Ich kreuze einen Fuß hinter dem anderen und knicke in einem Knie leicht ein.

Das ist, was ich bestimme, was von mir übrig bleiben soll. Ein Abdruck meines Schwankens in der Stadt. Ich war hier und ich hatte mich ganz in der Hand. Ich winke euch. Ich hebe den Arm und knicke die Hand ab. Ich steuere in einen seltenen Wald. Ich steuere das Motorboot mit dem Zeigefinger. Ich stoppe in einem Zug. Ich stehe. Und rede. Mein Armerudern wird einen Fächer bilden, der nie mehr weggeht.

STILLE POST

▶ 76

Sentimental

Hinreißend glucksen
mit krachendem Charme.

Wie er ins Seitlich kippte,
etwas nuschelnd, ins Gras,

die Babysprache in ihm
rasend an Fahrt gewann.

⋆

Die Tiefenschärfe des Fotos
heranbrausen fühlen.

Das Menschlein
zwischen den Halmen,

warst du so ein Schalk?

⋆

Wohin mit allem,
was weiter wild zu sammeln wäre,

kistenweise Fotos und
unter den Fotos Kommentare.

Compilations auf Kassetten,

Klänge aus Verstärkern,
Terzen.

send ich mental

Hinweis und Glucksen

mit Hängeflossen und Kinn,
Rache und Scham.

Wieder, seit ich kippte,
etwa Muscheln ins Gras,

die Babys sprachen in ihm
rasant, Anwalt gewann.

⋆

Die tiefen Nerven des Fotos
bergan brausen fühlen.

Das French Lime
zwischen den Almen,

Fahrstuhl, dieser Schall.

⋆

Wohin mit allem,
was weiterwill, zusammen wäre,

ist ne Weise, Fotos und
munter im Foto die Kommissare.

Combinations auf Kassetten,

gelängen
aus Verstärkern uns: Herzen.

ständig Metall

Hinweis zum Gucken
mit Entenflossen und Gin:
die Rache der Scham.

Widerlich, weil, ich kippte
Edwards Muscheln ins Gras.

Tierbabys Rache, sieh hin,
wie rasant die Handgewalt kam.

⋆

Die triefenden Schergen des Bodens,
Berg an tausend Stühlen.

Hast French Lime
dazwischengemalmt?

Catull, fieser Schakal.

⋆

Worin mitteilen,
was reiner Stil zusammenkehrte,

Ismen, Reisefotos und
mundtot im Foto, sieh, komm ich gefahren.

Consternation, Kaufkassetten!

Gesänge.
Raus, Berserker anschwärzen.

Schtändli im Tal

Wie nice, zum Googeln:

Remittenden flossen unschön.
Arachne, der Schah,

wieder nicht heilig. Drifte
westwärts, Mundschellen intra,

dear Baby, sprach er Sikkim?
Wir Assam. Die Handkewelt: gebannt.

⋆

Dietrich finden, Scherben, Despoten
bergen Tausendfüßler.

Hast'n Pfenn'sch, Leim?
Das Wischen. Geh mal.
Gandolfi, sehr Sascha kahl.

⋆

Jochen mit Teilen
astreiner Stiefel, zu sammeln Geld.

Iss wen, Leisepfote, Com-
mundo im Mondton, die Comics-Gefahr.

Congstar-Nation kaut Kassetten.

Die Fänger
aus perversen Scherzen.

Höflich

„Amöbenhaft“, „monströs“
teilen sich einen Laut.

Das Weltflüchtige brütet,
schaut aus seinem Gehege,

ich dirigiere den Schwerpunkt meiner Rede
in Richtung des Aspekts.

Rufe ich, Schönheit
schlüpft durch die Hintertür, Zombie,

ist das ein Schauer
spannfähiger Begriffe.

Löblich

Manöver macht porös,
silence trifft meine Haut.

Lass hellsichtige Mythen
schaun aus deinem Gehäkel.

Mich irritieren der Seen Schwärzung, kleiner Erden
Gewichtung, riesen Effekt.

Puste mich, Fön light,
hüpf durch die Kindertür, Tomboy,

bis dass dein blauer
Gesang seliger pfiffe.

Das Böse und ich

Manöver, Lachen, Sombreuse
eilends liften meine Haut.

Blass hellgesichtiges Üben
schaut aus deinem Gemäkel.

Mich imitieren, der Seele Schwärze, meine Herren,
Dichtung verdient Respekt.

Ruhst du nicht im Fön vielleicht?
Hüpfburg, die Kinder für Mumbay.

Whiskas, ein lauer
Gestank ekliger Fische.

Lös ich

Mann überbacken, Porree.
Islands. Lüfte mein Auto.

Blattzellen, gedichtete Sybill,
Chateaus, Steine, gehäkelt.

Michi mit Tieren, der See löschwärts, beim Nähen
sich dumm verdient, dreh Speck.

Rufst mich um fünfe, gleich?
Hübsch durch, dick in der Tür. Pomp, ey.

Witzkasten, ein Aua.
Gestern kehlige Fischer.

Short

Haushalten mit Gefühlen
bläst ins selbe Horn wie
Hassliebe.

Help yourself,
und die Stunde ist rum,

die Fensterbank
reist ins Unendliche.

Ich steuere immer mit den Füßen,
pflege das Hobby
herzlich symbolisch.

Scheuklappen und Freundeskreis
bedingen einander zuweilen
scheibchenweise.

Sport

Sich raushalten, nicht wühlen.
Verlässt im hellen Korn sie
das Ass, siegt sie?

Sell yourself,
Kunde vom Ruhm!

Die Gangster. Die Bank
heißt: bin unkenntlich.
Mich feuern, Himmel, mitten im Grüßen,
Flegel. Spaßlobby,
Kerzenlicht symphonisch.

Boy-Attrappen zum neusten Schrei
gingen seilwandern, Rufweite
befreit vom Leise.

Sport II

Nicht laut knallen. Das Licht: kühl.
Verletzt in Hellersdorf. Die
Terrasse, da liegt sie.

Selbst Yussuf dreht
Runden vorm Dom.
Enge in der Bank:
meist unentgeltlich.

Milch und Feuer. Himbeermilben sind süßer.
Der Pegel des Spaßmobils
verzerrte sich symbolisch.

Boys, ach Quatsch, treuste Zwei,
tingelten, eilig wandernd. Hufeisen
bereit zum Reisen.

Spart

Schnittlauchknarren. Was liebt Jules?
Vernetzt im Hellen, Torty.
Der Hass eh daliegt, sieh.

Selbstlos uffjedreht,
Hunden Form drohen.
Engländer-Bank,
I-Tunes, entweltlicht.

Mich anfeuern, immer milder und süßer.
Depp ekelt es, sprach so viel,
verzärtelte Sicht, zum Wohle.

Holz macht platsch, Treu 'st entzwei,
Klingelton heilig? Wann denn? Hu-Fighting.
Preist uns Heiße.

68

Weißer Raum

Hier sind meine Briefe.
Briefe an einige Biester.
Biest eins fuhr hupend im Auto.
Rosa Biest zwei lenkte ab vom Geschehen.
Biest drei hinkte, vier postete seinen Status
einmal zu viel, fünf rief: Das passiert alles wirklich.

Brief eins spult brav sein Programm ab,
Rosa Brief zwei enthält Schwanengesang,
Brief drei verfährt schleppend, vier verniedlicht,
fünf übertüncht massiv.

Hier die Strategien des Übertünchens
in Brief fünf: Verwünschungen
verniedlichen, Grenzen dehnen
an die Ränder, quer zum Rest
meines Selbst eine Art Rost spielen,
frostig zitieren aus wiederum Briefen,
Briefen der Biester.

In ihren Briefen die Biester imitieren
Gewissheit, ihr Biestergebiss
kein Witz, was sie schreiben, vermischt
Splitten mit Verquicken, montiert Beef
an Rind ohne Scham, ohne Hinken,
hier sind sie, eins bis fünf, ich finde,
sie sind stringent verkürzt, sie rühren mich nicht.

Heißes Raunen

Bier in mein'n Pfiffen.
Pfiffe an leidige Mieter.
Ist ein Uhr super im Kaufhof?
Prosa-Mist, hi, schenke Abo. Verstehen?
Bis drei Dinge, hier postete ein Renatus:
Sei mal subtil, zünftig, das platziert alles, fürcht ich.

Rief mein Substrat rein pro Gramm ab,
rot sah ich bei dem Held Schwanenhals lang,
Griesbrei verzehrt schleppend, er gefriert nicht,
fünf ühr dünkt im Passiv?

Herden Straße gehen, die Sünden Münchens
in die Verwünschungen
vermieten, Gemsen sehnen.
Andi Ränder, Herz und Pest
seiner selbst, ein harter Fossiler,
Frost diktierend aus niederen Briefen,
Chief der Mister.

Sinnierend riefe D. B.-Stars inmitten Iren:
„B-Star!" Der Kibitz sei, Ibis gewiss,
ein Kitz, das nie schreit. Gemischt:
Splitting mit Verklinken, wo 'n Tier tief anrennt
ohne 's habn, ohne Schinken, 'türlich,
ihr Kind nie, seien 's fünf, Ichlinge,
sind dringend gestürzt, sie rühren sich nicht.

Ich heiße Erstaunen

Bier in meinem Griffel.
Es pfiffen einige Mieter.

Frist: ein Uhr, Suppe im Kaufhof.
Prosa ist Mist, hi, ich verschenke ein Abo Verstehen.
Bist bereit, Inge? Hier postete ein Renatus:
Zweimal Sunil, künftig, das radiert alles fürchterlich.

Rief einen Sub-Rat, Schwein-o-Mann gehabt,
rot war ich, beide Helden schwangen den Hals, Mann,
Schießerei im Verkehr bei Schlecker, er ziert sich nicht.
Fünf-Uhr-Sünde, bin ich zu passiv?

Herden Gassi gehen, im Süden Münchens,
Indiens Sümpfe verwünschen,
Termiten. Grenzen sehen.
Anti-Ränder? Herr Lungenpest,
sein oder selbst, Reinhard Forensiker,
frostig zitierend aus niederländischen Briefen.

Inszenieren Riesen-D. B.-Stars in Mitte ihre
Sitars? Er stibitzte ein Iltisgebiss,
ein Kick-Ass, Dasni-Schrein, gewischt,

Split Ink, mit Klinken, wohnen mit Tieren,
ohne eines haben, ohne Schinken, natürlich.
Irrsinn im Knie, Science um fünf, Stichlinge
in Sindringen, gewürzt. Sieh Düren richtig.

Scheiße bauen

Peering my griffing.
Espen in einem Meter.
Frisst ein Ur Suppe drauflos?
Rosa Ismen heimlich versenken, ein Labor fest dehnen.
Bis Breitingen wir, pro Stätte ein Train A plus.
Sei mal senil, künstlich, das Rad hier, fahles Fürstenlicht.

Wie feine Suppe, Braten, Schein oben am Hang gekappt
Trottoir, ich bei den Eltern, schwanger als Mann.
Schließt er gleich den verkehrten Stecker, verziert,
fündst no a Stündle, spinn ich, zupack ich?

Herr Denga, Sie gehen niesmüde lynchen,
in die entstrumpfte Vermischung
der Mieten. Kannstn sehn?
Anti-Gender? Höhlungen. Fest.
Sein Notar setzt ein „hart“ vor „entsichert“,
frohes tick-tick, direkt aus nie notwendischen Briefen.
Taschen lieber per Mini-Stern.

Insel-Nieren, Riesen-Tipi, Starrsinn imitieren,
sie tats? Erste Witze, ein Bild ist gewiss,
nein, Kick-Ass, Hass, Nischen-Reingewicht,

Splitting mit Linken, Bohnen quittieren,
ohne eine Schabe, Rhoneschinken, a Türli.
Wirre Sim-Keys, sein Stummfilm, Stichlänge
im Sinn drinnen, die Würst. Sie dürfen, nicht ich.

Erzählt

Auf Trab sein meinte neuerdings mehr als einen Chai-Tea.
Nachts wand sich Spaß durchs Haus, fand mich an der Bar.

Man trank damals systematisch, quallenfarbenes Aqua Vitale,
spielte Traniges vom Band, war Ski-As,

Splitter von Bildern. Wir rangen mit den falschen
Sehnsuchtssportarten.

Erwählt

Auftrag rein reimte neues Dings sehr als reines Tai-Chi.
Sacht rannte ich nass durchs Haus, wand mich wunderbar,

Mann, dank damals süß aromatisch, korallenfarben, Aqua Pedale,
spielte Transiges von Hand, lachte auf den Ski-Pass.

Glitter von Wildem. Wir sprangen mit Veilschn,
zehn Suchtsportarten.

Verwählt

Auf „Trag rein“ reimte scheu die Dings mehr als Heidschi Bumbeidschi.
Safttante, ich maß durchaus die Wand, mich, sonderbar.

Mantra damals: süßes Aroma am Tisch, Knallfarben, Aqua Letale,
spielten Transit vom Band, verlachten den Ski-Spaß,

Glitzer-Phone, Bilder. Bierstangen mit Zeichen,
Zehen suchten Sportarten.

o Brillanz,
deine etlichen Fangarme
nesseln wie Hölle

o Brisanz
deine entsetzlichen Farngarne
nässen die Hölle.

O Prinz Hans,
deine lässige Umarmung
presst die Öle.

Oberin, hams
eine Lessikium-Marmor-
Presse? Nöle!

staksen

durch ein unaufgeräumtes Zimmer
(aus: Bewegungen)

Beiläufig, beinah heimlich
sich einfinden in Sichtschneisen,

klingt wie friedlich hinausschießen
über die eigene Güte, das pastellige Gatter.

Immer unsortierter kommen die Fragen an,

warum bildet der Körper kein X?
wo strömt Symmetrie in ihn,

wo tritt sie heraus? Mein rechtes Auge
wirft Lassos aus, das linke weist nach innen.

⋆

Ich räumte den Raum auf
zu Anfang eines traumartigen Ablaufs.

Schränke in Ecken
vor Blicken gerettet,

gruseliger als ein Regal,
die Nacht über angestrahlt

in Magenta und Pflaumenblau.

Stracks

Beiläufig Weihnachten heim, ich,
mich reinfinden ins Sichschneiden,

klingt wie Friedrich hinausschießen,
überdies, meine Güte,
das Kastell, Igel, Kater.

Immer unmotivierter kommen
die Phrasen an.

Warum Milde der Körper, kein Hicks.
Wo strömts immer grün rein,

wo tritt See aus? Ein echtes Auge
surft, lass uns raus, das Hinken weist
nach innen.

⋆

Ich räumte den Traum auf
am Anfang eines traumatischen Apfelhaufens.

Schränke und Necken,
vom Blicken gerettet,

wuseliger Hals,
nein, egal, die ganze Nacht

Angelstahl,
Immagenta und Pflaumenbaum.

Trags

Seid häufig Weihnachten daheim,
Milchreime finden, in mich schneit es.

Versinkt sie friedlich in blauen Jeans,
überm Fries meiner Süße
das Skalpell. Iglus, Prater.

Zimmer unpromovierter Nonnen.
Zieh Hasen an.

Warum will der Körper kein Stück
so schön im Zimmer grün sein,

wohn' zu dritt sie im Haus? Reineckes Augen
bedürfen Fassung auch. Da sinken drei.
Nach Ihnen.

⋆

Ich zäumte den Baum auf
am Abhang, kleiner dramatischer Au-Laut.

Schwänke von Schnecken,
vorm Flicken gerettet,

du Seeliger, falls
Senegal die Gans bewacht,

Angeln mit Stahl,
immer Grenzfall, und Daumen haun.

Tracks

Seidenhäutig bei Nacht schreiben.
Milcheimer ist hinten, innig, scheint es,

singt sie niedlich in Plauen, schiens,
sie überließ einer Südsee
das Skalpell plus Bräter.

Schimmer unkommentierter Nomen.
Zierrasen an

Farmville, leer Körbe, kein Stick
Sushi im zimtgrünen Kleid,

wozu tritt sie hinaus, ein eckiges Auge.
In Dörfern rasen sie auch. Da singen drei
Nachbarinnen.

⋆

Ich träumte den Bauernhof,
Almabgang, mein traumatischer Schaulauf
gestern, ts.

Schwängel verstecken,
Formflicken geründert,

dussliger Fall
schön egal, tigern gemacht,

Amseln, Mistral,
im ärgsten Fall um Daunen trauern.

In dieser Epoche bemühter Versuche ist Unbekümmertheit gut und

in diesen versuchen der ungut bemühten
ist bekümmertheit schon berühmt und

in epochen bemühter bekümmerversüche
liegt selten diese berühmte güte und

(diese tückischen türkischen ü-gelüste)

epochenverseucht, dieser versuch
gut berühmt zu sein und

ja nücht bükümmert.

Der Titel ist die Übersetzung eines Gedichttitels von Marianne Moore: „In this Age of Hard Trying, Nonchalance is Good and", übersetzt von Jürgen Brocan, in: Marianne Moore, Kein Schwan so schön, Basel/Weil am Rhein/Wien 2001

▶ Anmerkungen zu „Bewegungen“

Mich interessieren an einer Bewegung die subjektiven Eindrücke, die man von ihr haben kann, entweder als Person, die die Bewegung ausführt, oder als Person, die jemand anderen in der Bewegung betrachtet.
In den Variationen der Ausgangstexte verfolge ich das Prinzip, (meistens) an seinen letzten Vers anknüpfend, das Wortmaterial des Gedichts variierend zu benutzen.
Das Ausgangsgedicht zu „schlendern“ (▶ 31) habe ich in diesen Band nicht aufgenommen, ebenso gibt es zu „joggen“ (▶ 24) keine Variation.

▶ Anmerkungen zu „Stille Post“

Das Kinderspiel „Stille Post“ diente mir als Vorlage für Variationen einiger mehr oder weniger im Vorbeigehen entstandener Gedichte. Jedes Wort wurde von mir beim leisen wie auch beim lauten Lesen zugleich absichtsvoll und intuitiv missverstanden. Ich war zuständig fürs Einflüstern wie auch fürs Interpretieren. So entstanden neue Wörter und Bedeutungsräume, halb kontrolliert und gelenkt, halb ohne mein Zutun. In jedem Spieldurchgang versuchte ich, das zuvor (Miss-) Verstandene mehr in Richtung Plausibilität und Verständlichkeit zu lenken, ich nahm also eine Art Glättung vor, die aber angesichts des Verfahrens von vornherein ein Fake ist.
Die jeweils zweiten Verszeilen der Verhörer-Variationen zu „Sentimental“ (▶ 62) beziehen sich auf eine Zeile, die ich im Ausgangsgedicht gestrichen habe.

o Brillanz,
deine etlichen Fangarme
nesseln wie Hölle

Martina Hefter, geboren 1965 in Pfronten/Allgäu, lebt als Dichterin und Performerin in Leipzig. Ihre Gedichte versteht sie als Erweiterungen körperlicher Bewegung. Neben ihrer literarischen Arbeit beschäftigt sie sich mit Performanceprojekten, die mit dem Festgeschriebensein literarischer Texte spielen. Sie veröffentlichte zuletzt den Gedichtband „Nach den Diskotheken" (kookbooks, 2010). 2012 war sie Initiatorin und künstlerische Leiterin von „Bewegungsschreiber. Dichtung trifft Tanz" am Dock 11, Berlin. Zuletzt veröffentlichte sie den Gedichtband „Nach den Diskotheken", kookbooks 2010, und erhielt den Lyrikpreis Meran sowie ein Arbeitsstipendium des Freistaats Sachsen.

978-3-937445- **KOOKBOOKS REIHE LYRIK**

00-7 Daniel Falb **die räumung dieser parks**
03-8 Steffen Popp **Wie Alpen**
04-5 Ron Winkler **vereinzelt Passanten**
14-4 Gerhard Falkner **Gegensprechstadt – ground zero** + **CD** Music by David Moss
16-8 Uljana Wolf **kochanie ich habe brot gekauft**
18-2 Hendrik Jackson **Dunkelströme**
22-9 Tom Schulz **Vergeuden, den Tag**
23-6 Monika Rinck **zum fernbleiben der umarmung**
27-4 Christian Schloyer **spiel • ur • meere**
29-8 Sabine Scho **Album**
30-4 Christian Hawkey **Reisen in Ziegengeschwindigkeit**
34-2 Sabine Scho **farben**
35-9 Steffen Popp **Kolonie Zur Sonne**
37-3 Monika Rinck **Helle Verwirrung & Rincks Ding- und Tierleben**
38-0 Uljana Wolf **falsche freunde**
39-7 Daniel Falb **BANCOR**
41-0 Martina Hefter **Nach den Diskotheken**
42-7 Matthea Harvey **Du kennst das auch**
43-4 Alexej Parschtschikow **Erdöl**
44-1 Alexander Gumz **ausrücken mit modellen**
45-8 Mathias Traxler **You're welcome**
46-5 Daniela Seel **ich kann diese stelle nicht wiederfinden**
47-2 Michael Palmer **Gegenschein**
49-6 Monika Rinck **Honigprotokolle**
50-2 Dagmara Kraus **kummerang**
51-9 Gerhard Falkner **Pergamon Poems**
52-6 Hendrik Jackson **Im Licht der Prophezeiungen** + **DVD** 5 Gedicht-Clips von C. Lieb & F. v. Boehm
53-3 Christian Hawkey/Uljana Wolf **SONNE FROM ORT**
54-0 Steffen Popp **Dickicht mit Reden und Augen**
55-7 Martina Hefter **Vom Gehen und Stehen. Ein Handbuch**
56-4 Tristan Marquardt **das amortisiert sich nicht**
57-1 Uljana Wolf **meine schönste lengevitch**
60-1 Ulf Stolterfoht **Neu-Jerusalem**

www.kookbooks.de

Die Arbeit an diesem Buch wurde gefördert durch die Kulturstiftung des Freistaates Sachsen.

1. Auflage 2013
Gestaltung: Andreas Töpfer | Gesetzt aus der URW Grotesk und Times New Roman
Druck & Bindung: Steinmeier, Deiningen | Printed in Germany | 978-3-937445-55-7